AF188471

Impressum
Verlag: BABADADA GmbH, Nedderfeld 112 , 22529 Hamburg
Geschäftsführer / Verlagsleitung: Harald Hof
Druck: Books on Demand GmbH, In de Tarpen 42, 22848 Norderstedt

Imprint
Publisher: BABADADA GmbH, Nedderfeld 112 , 22529 Hamburg, Germany
Managing Director / Publishing direction: Harald Hof
Print: Books on Demand GmbH, In de Tarpen 42, 22848 Norderstedt

school

la escuela

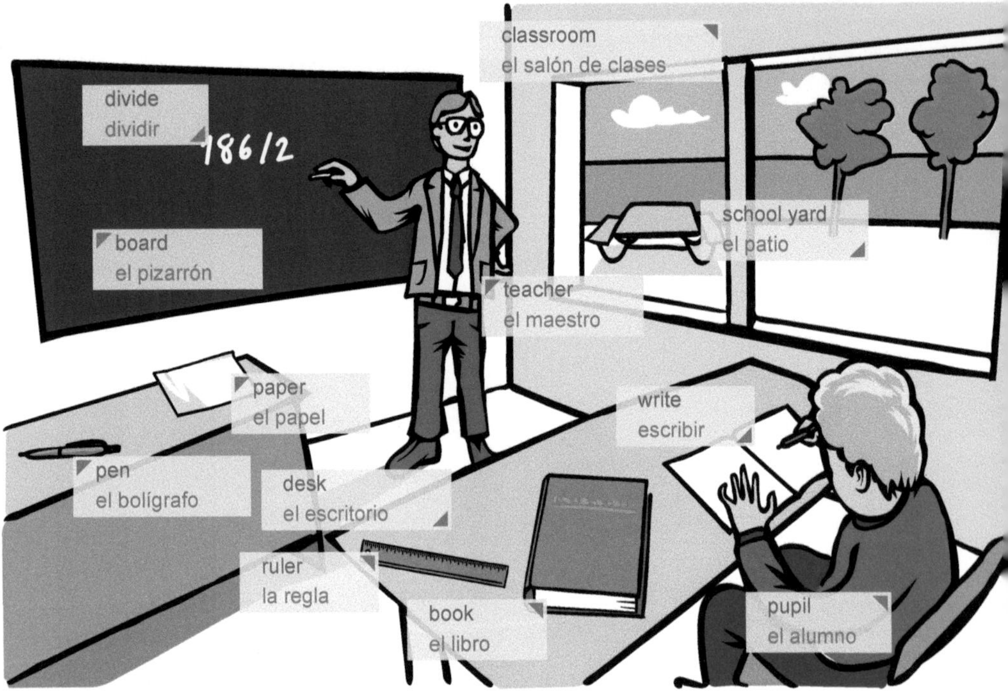
classroom
el salón de clases
divide
dividir
186/2
board
el pizarrón
school yard
el patio
teacher
el maestro
paper
el papel
write
escribir
pen
el bolígrafo
desk
el escritorio
ruler
la regla
book
el libro
pupil
el alumno

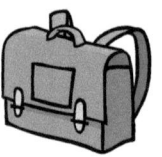

satchel

la mochila

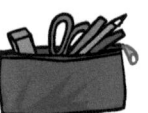

pencil case

la caja de lápices

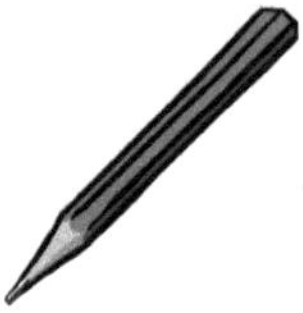

pencil

el lápiz

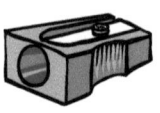

pencil sharpener

el sacapuntas

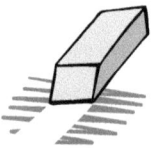

rubber

la goma de borrar

drawing pad

el bloc de dibujo

drawing

el dibujo

paintbrush

el pincel

paint box

la caja de lápices de color

scissors

las tijeras

glue

el pegamento

exercise book

el libro de ejercicios

homework

la tarea

12

number

el número

2+2

add

sumar

5-2

subtract

restar

2×2

multiply

multiplicar

calculate

calcular

A

letter

la letra

ABCDEFG
HIJKLMN
OPQRSTU
VWXYZ

alphabet

el alfabeto

word

la palabra

text

el texto

read

leer

chalk

la tiza

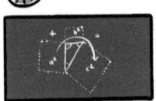

lesson

la lección

register

el cuaderno de clase

exam

el examen

certificate

el certificado

school uniform

el uniforme

education

la educación

encyclopedia

la enciclopedia

university

la universidad

microscope

el microscopio

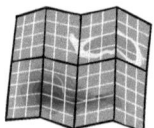

map

el mapa

waste-paper basket

el bote de basura

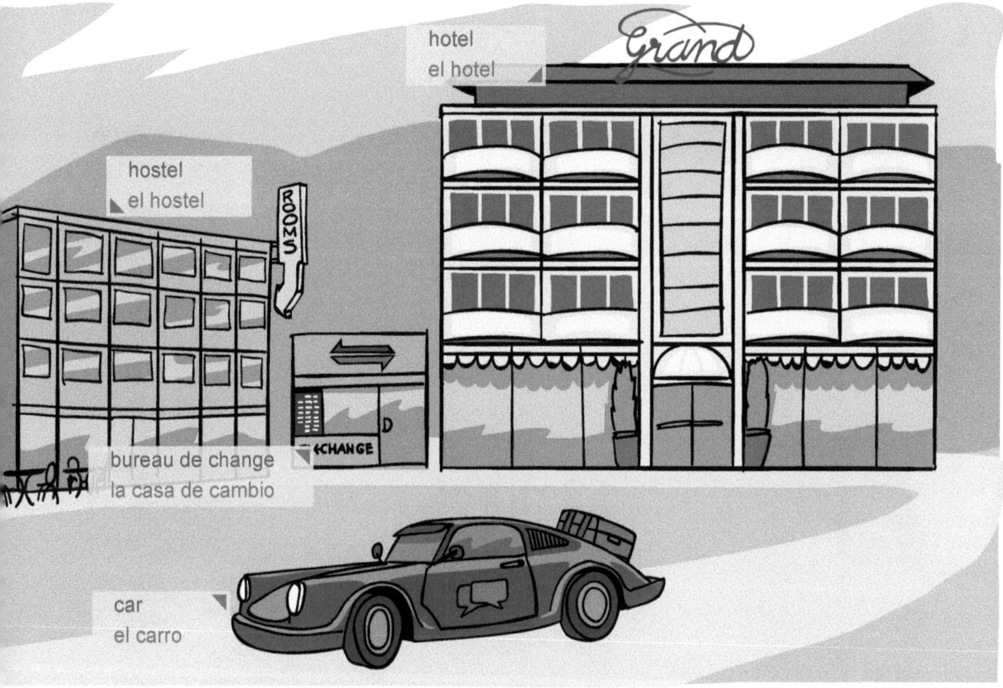

hotel
el hotel
Grand
hostel
el hostel
ROOMS
bureau de change
la casa de cambio
EXCHANGE
car
el carro

language
el idioma

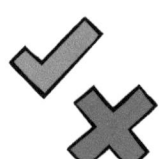

yes / no
sí / no

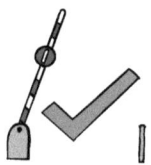

Okay
Órale

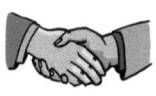

hello
hola

translator
el traductor

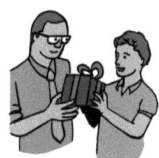

Thank you
Gracias

how much is...?

¿cuánto cuesta...?

I do not understand

No entiendo

problem

el problema

Good evening!

¡Buenas tardes!

Good morning!

¡Buenos días!

Good night!

¡Buenas noches!

bye bye

adiós

direction

la dirección

luggage

el equipaje

bag

la bolsa

backpack

la mochila

guest

el invitado

room

la recámara

sleeping bag

la bolsa de dormir

tent

la tienda de campaña

tourist information

la información turística

beach

la playa

credit card

la tarjeta de crédito

breakfast

el desayuno

lunch

el almuerzo

dinner

la cena

ticket

el billete

lift

el ascensor

stamp

el sello

border

la frontera

customs

la aduana

embassy

la embajada

visa

la visa

passport

el pasaporte

travel - el viaje

transport
el transporte

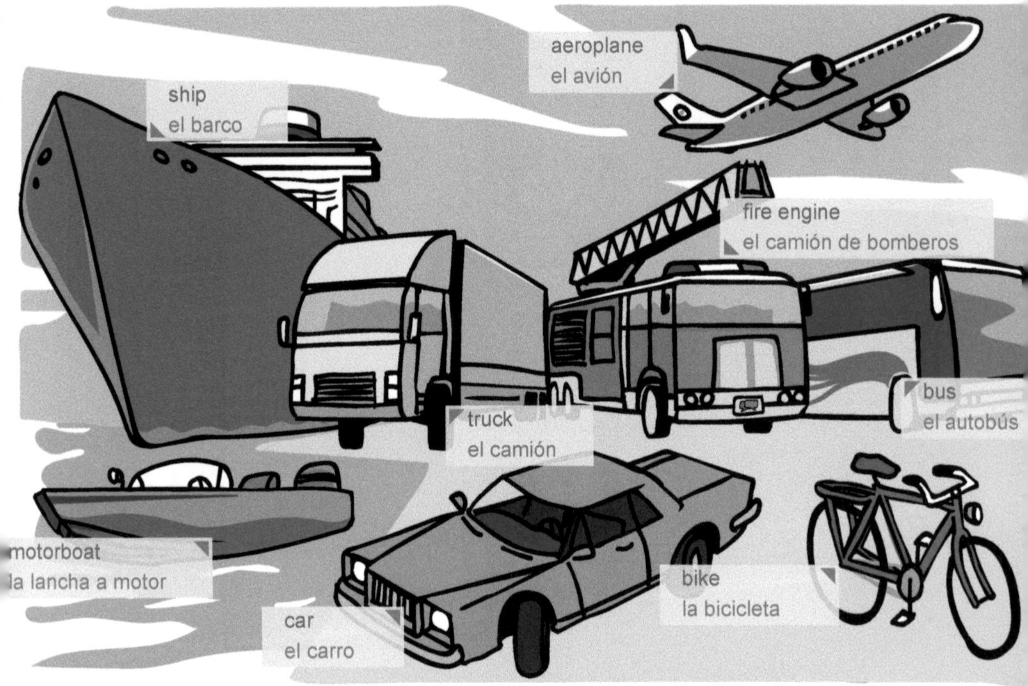
aeroplane
el avión
ship
el barco
fire engine
el camión de bomberos
bus
el autobús
truck
el camión
motorboat
la lancha a motor
bike
la bicicleta
car
el carro

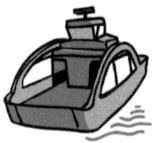

ferry

el ferry

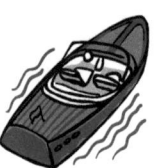

boat

el bote

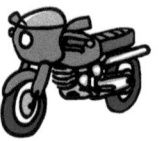

motorbike

la motocicleta

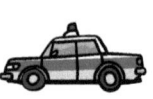

police car

la patrulla

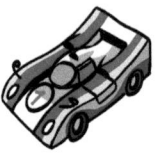

racing car

el coche de carreras

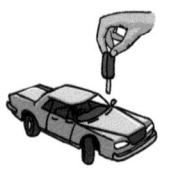

rental car

el auto para rentar

car sharing

la renta de autos

breakdown truck

la grúa

refuse truck

el camión recolector de basura

motor

el motor

fuel

la gasolina

petrol station

la gasolinera

traffic sign

la señal de tráfico

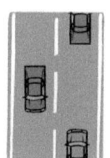

traffic

el tránsito

traffic jam

el embotellamiento

car park

el aparcamiento

train station

la estación de tren

tracks

las vías

train

el tren

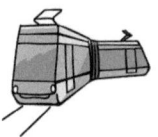

tram

el tranvía

carriage

el vagón

helicopter

el helicóptero

airport

el aeropuerto

tower

la torre

passenger

el pasajero

container

el contenedor

carton

la caja de cartón

cart

la carretilla

basket

la cesta

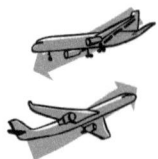

take off / land

despegar / aterrizar

city
la ciudad

village

el pueblo

city centre

el centro de la ciudad

house

la casa

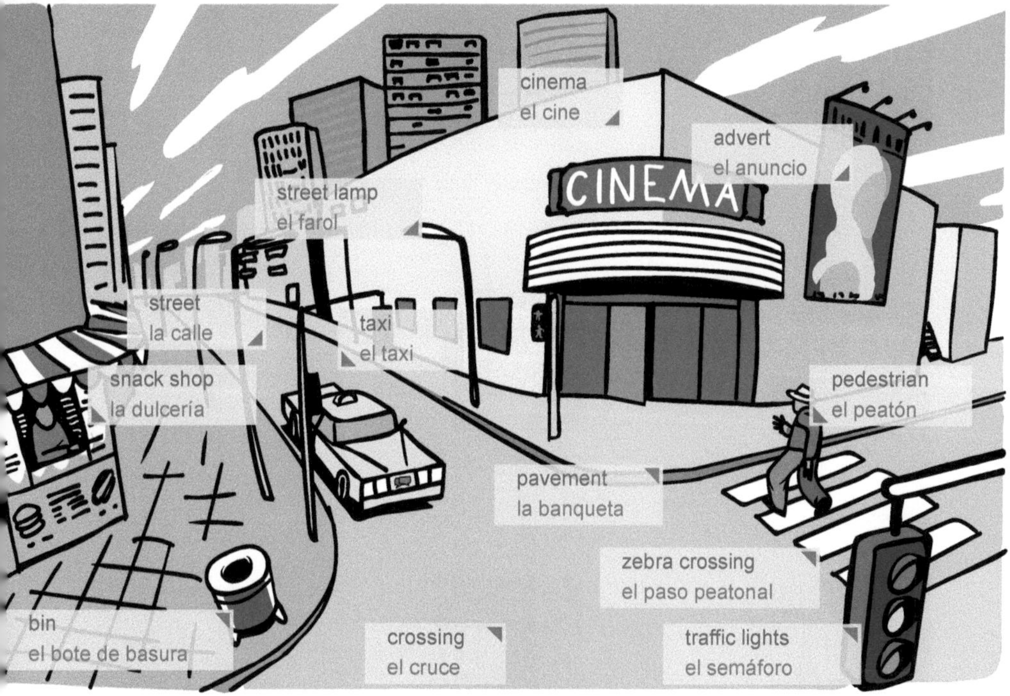

cinema
el cine
CINEMA
advert
el anuncio
street lamp
el farol
street
la calle
taxi
el taxi
snack shop
la dulcería
pedestrian
el peatón
pavement
la banqueta
zebra crossing
el paso peatonal
bin
el bote de basura
crossing
el cruce
traffic lights
el semáforo

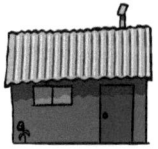

hut

la cabaña

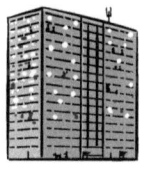

flat

el apartamento

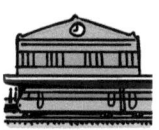

train station

la estación de tren

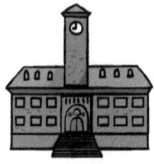

town hall

el ayuntamiento

MUSEUM

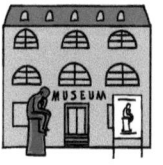

museum

el museo

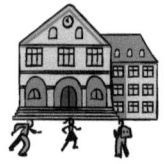

school

la escuela

university
la universidad

bank
el banco

hospital
el hospital

hotel
el hotel

pharmacy
la farmacia

office
la oficina

book shop
la librería

shop
la tienda

florist's
la florería

supermarket
el supermercado

market
el mercado

department store
las grandes tiendas

fishmonger's
la pescadería

shopping centre
el centro comercial

harbour
el puerto

park

el parque

bench

el banco

bridge

el puente

stairs

las escaleras

underground

el metro

tunnel

el túnel

bus stop

la parada de autobús

bar

el bar

restaurant

el restaurante

postbox

el buzón

street sign

el letrero

parking meter

el parquímetro

zoo

el zoológico

swimming pool

la alberca

mosque

la mezquita

farm

la granja

pollution

la contaminación

graveyard

el cementerio

church

la iglesia

playground

el área de niños

temple

el templo

landscape

el paisaje

signpost
la señal

way
el camino

meadow
la pradera

stone
la piedra

tree
el árbol

hiker
el caminante

river
el río

grass
el pasto

flower
la flor

valley
el valle

hill
la montaña

lake
el lago

forest
el bosque

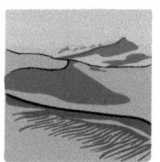

desert
el desierto

volcano
el volcán

castle
el castillo

rainbow
el arco iris

mushroom
el champiñón

palm tree
la palmera

mosquito
el mosquito

fly
la mosca

ant
la hormiga

bee
la abeja

spider
la araña

beetle

el escarabajo

frog

la rana

squirrel

la ardilla

hedgehog

el erizo

hare

la liebre

owl

la lechuza

bird

el pájaro

swan

el cisne

boar

el jabalí

deer

el ciervo

moose

el alce

dam

el embalse

wind turbine

la turbina eólica

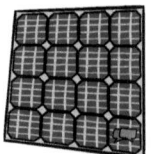

solar panel

el panel solar

climate

el clima

restaurant
el restaurante

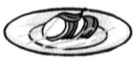

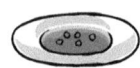

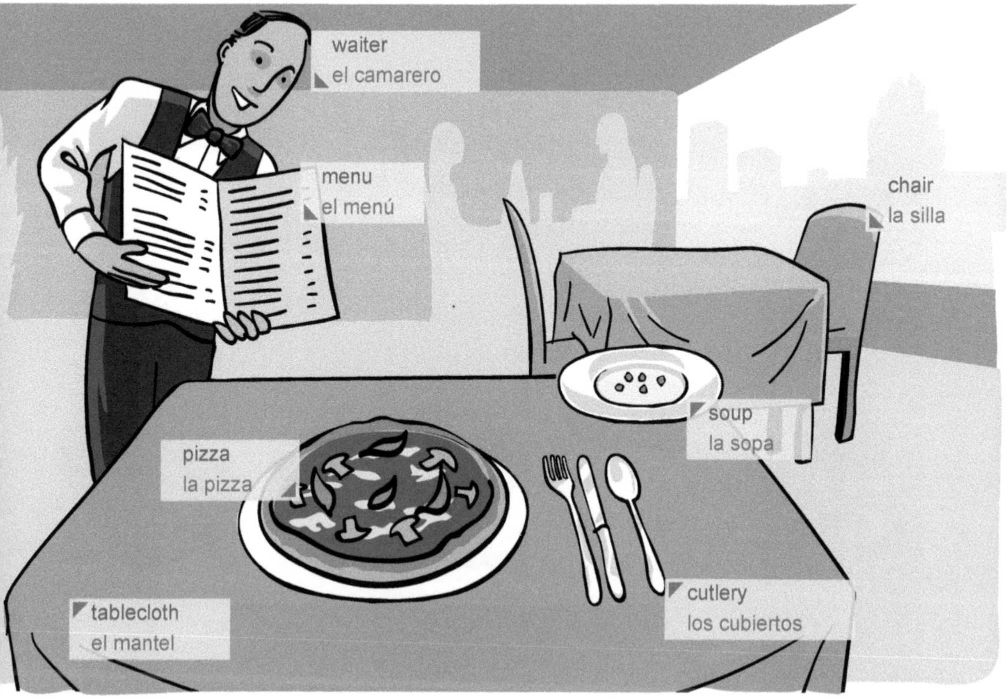
waiter
el camarero
menu
el menú
chair
la silla
soup
la sopa
pizza
la pizza
cutlery
los cubiertos
tablecloth
el mantel

starter

la entrada

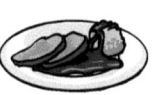

main course

el plato fuerte

dessert

el postre

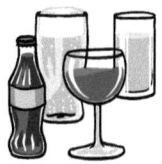

drinks

las bebidas

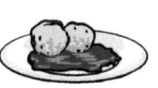

food

la comida

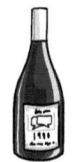

bottle

la botella

fast food

la comida rápida

street food

la comida de la calle

teapot

la tetera

sugar bowl

la azucarera

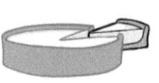

portion

la porción

espresso machine

la cafetera espresso

high chair

la periquera

bill

la cuenta

tray

la charola

knife

el cuchillo

fork

el tenedor

spoon

la cuchara

teaspoon

la cuchara de té

serviette

la servilleta

glass

el vaso

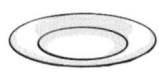

plate
el plato

soup plate
el plato hondo

saucer
el plato

sauce
la salsa

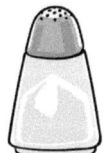

salt pot
el salero

pepper mill
el molino para pimienta

vinegar
el vinagre

oil
el aceite

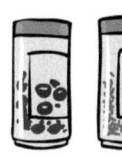

spices
las especias

ketchup
el kétchup

mustard
la mostaza

mayonnaise
la mayonesa

supermarket
el supermercado

special offer
la oferta especial
FOR
customer
el cliente
dairy
los productos lácteos
fruit
la fruta
trolley
el carrito para compras

BUTCHERS

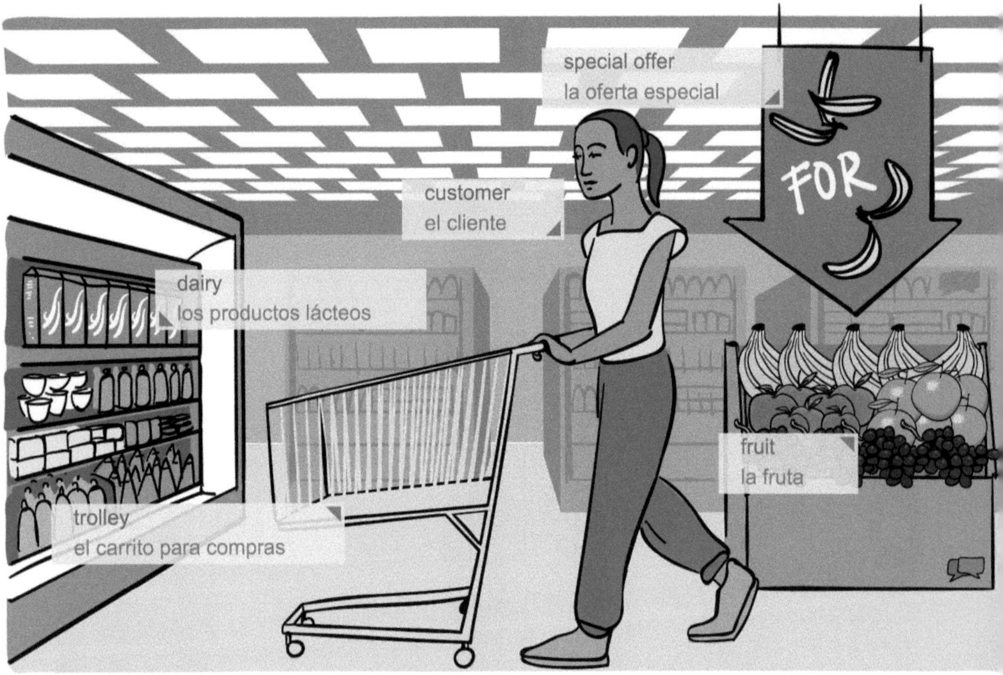

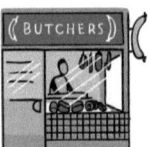

butcher´s

la carnicería

BAKERY

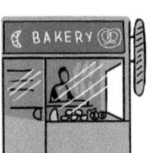

baker´s

la panadería

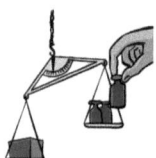

weigh

pesar

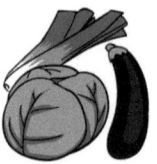

vegetables

los vegetales

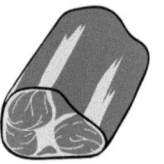

meat

la carne

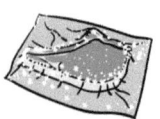

frozen food

los alimentos congelados

cold meat

las carnes frías

tinned food

los alimentos enlatados

washing powder

el detergente en polvo

sweets

los dulces

household products

los electrodomésticos

cleaning products

productos de limpieza

salesperson

la vendedora

till

la caja

cashier

el cajero

shopping list

la lista de compras

opening hours

el horario de atención al público

wallet

la cartera

credit card

la tarjeta de crédito

bag

la bolsa

plastic bag

la bolsa de plástico

las bebidas

water

el agua

juice

el jugo

milk

la leche

coke

el refresco de cola

wine

el vino

beer

la cerveza

alcohol

el alcohol

cocoa

el cacao

tea

el té

coffee

el café

espresso

el espresso

cappuccino

el cappuccino

banana

el plátano

apple

la manzana

orange

la naranja

melon

el melón

lemon

el limón

carrot

la zanahoria

garlic

el ajo

bamboo

el bambú

onion

la cebolla

mushroom

el champiñón

nuts

las nueces

noodles

los fideos

spaghetti

los espaguetis

rice

el arroz

salad

la ensalada

chips

las patatas fritas

fried potatoes

las patatas fritas

pizza

la pizza

hamburger

la hamburguesa

sandwich

el emparedado

cutlet

el filete

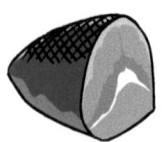

ham

el jamón

salami

el salami

sausage

la salchicha

chicken

el pollo

roast

el asado

fish

el pescado

porridge oats

los copos de avena

muesli

el muesli

cornflakes

los copos de maíz

flour

la harina

croissant

el cuernito

bread roll

el bolillo

bread

el pan

toast

la tostada

biscuits

las galletas

butter

la mantequilla

curd

la cuajada

cake

el pastel

egg

el huevo

fried egg

el huevo frito

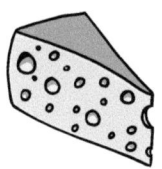

cheese

el queso

ice cream

el helado

sugar

el azúcar

honey

la miel

jam

la mermelada

chocolate spread

la crema de chocolate

curry

el curry

farm
la granja

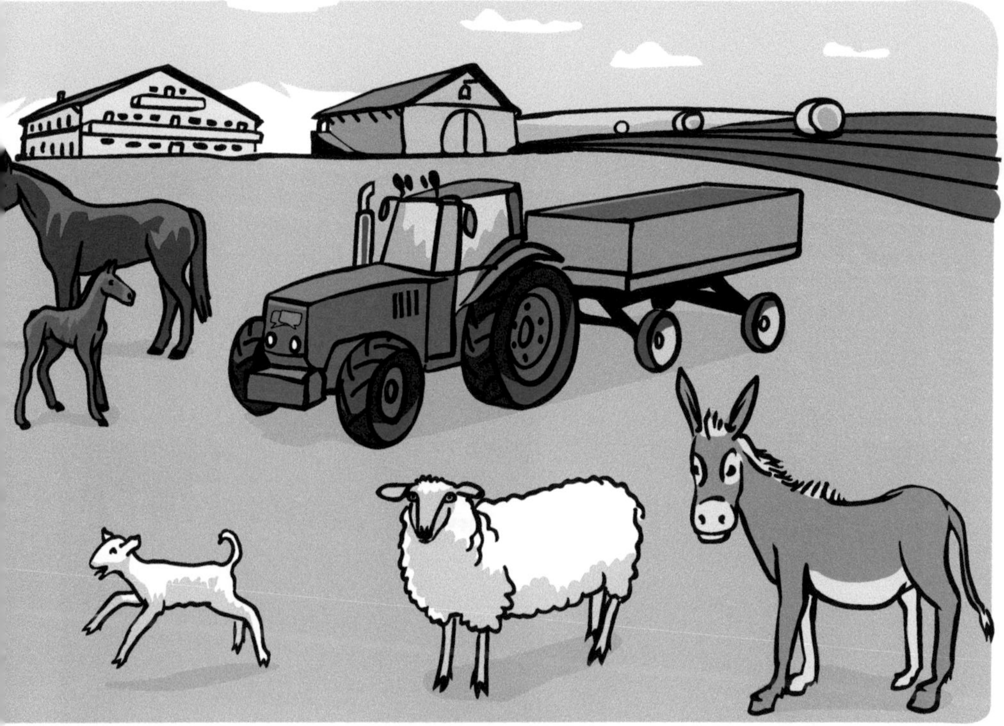

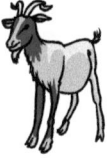

goat

la cabra

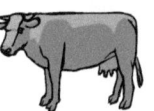

cow

la vaca

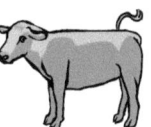

calf

el ternero

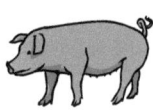

pig

el cerdo

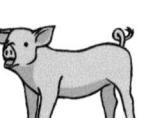

piglet

el lechón

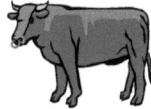

bull

el toro

goose

el ganso

duck

el pato

chick

el pollo

hen

la gallina

cock

el gallo

rat

la rata

cat

el gato

mouse

el ratón

ox

el buey

dog

el perro

doghouse

la casa del perro

garden hose

la manguera

watering can

la regadera

scythe

la guadaña

plough

el arado

sickle

la hoz

hoe

el azadón

pitchfork

la horquilla

axe

el hacha

wheelbarrow

la carretilla

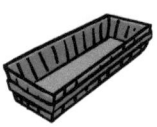

trough

el bebedero

milk can

el bote de leche

sack

el saco

fence

la valla

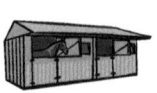

stable

el establo

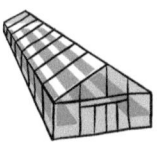

greenhouse

el invernadero

soil

el suelo

seed

la semilla

fertilizer

el fertilizador

combine harvester

la cosechadora

harvest

cosechar

harvest

la cosecha

yams

el camote

wheat

el trigo

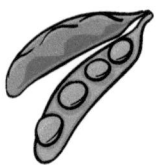

soy

la soja

potato

la patata

corn

el maíz

rapeseed

la semilla de colza

fruit tree

el árbol frutal

cassava

la mandioca

cereals

las cereales

living room

la estancia

bathroom

el baño

kitchen

la cocina

bedroom

la recámara

child's room

la recámara de los niños

dining room

el comedor

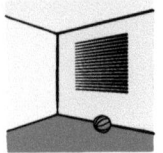

floor

el suelo

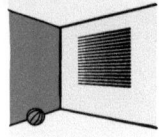

wall

la pared

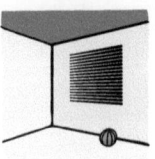

ceiling

el techo

cellar

el sótano

sauna

el sauna

balcony

el balcón

terrace

la terraza

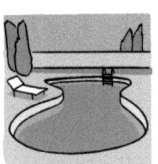

pool

la alberca

lawn mower

el cortacésped

sheet

la sábana

bedspread

la colcha

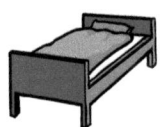

bed

la cama

broom

la escoba

bucket

el balde

switch

el interruptor

living room
la estancia

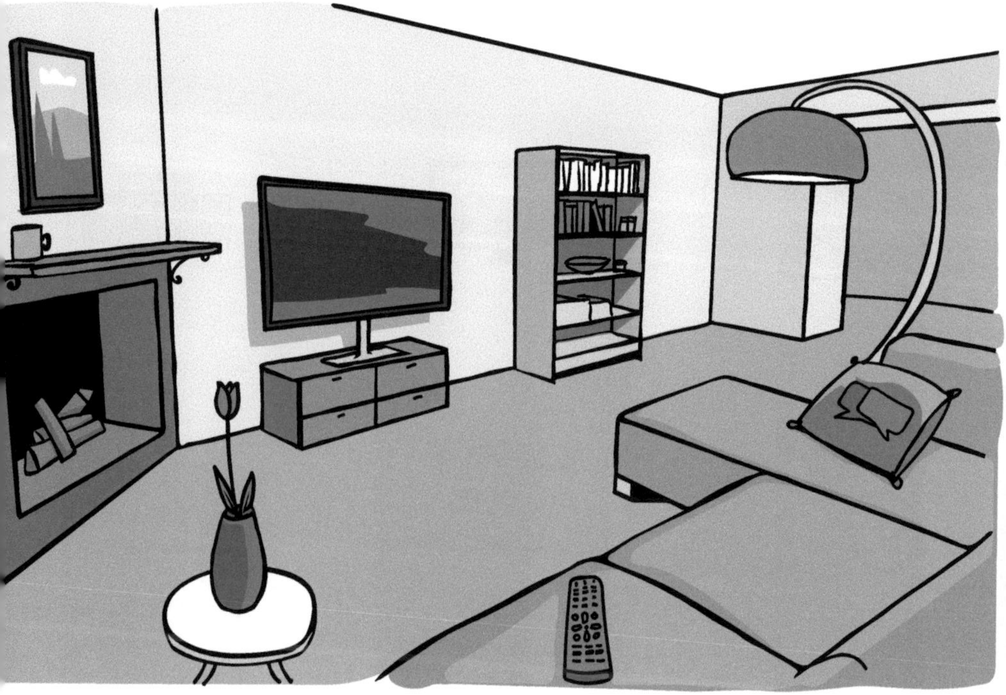

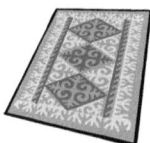

carpet

la alfombra

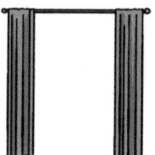

curtain

la cortina

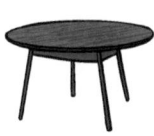

table

la mesa

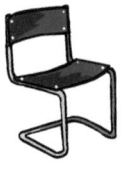

chair

la silla

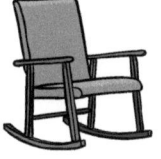

rocking chair

la mecedora

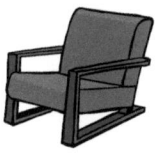

armchair

el sillón

book

el libro

blanket

la frazada

decoration

la decoración

firewood

la leña

film

la película

hi-fi equipment

el equipo de música

key

la llave

newspaper

el periódico

painting

la pintura

poster

el póster

radio

la radio

notepad

el cuaderno

hoover

la aspiradora

cactus

el cactus

candle

la vela

kitchen

la cocina

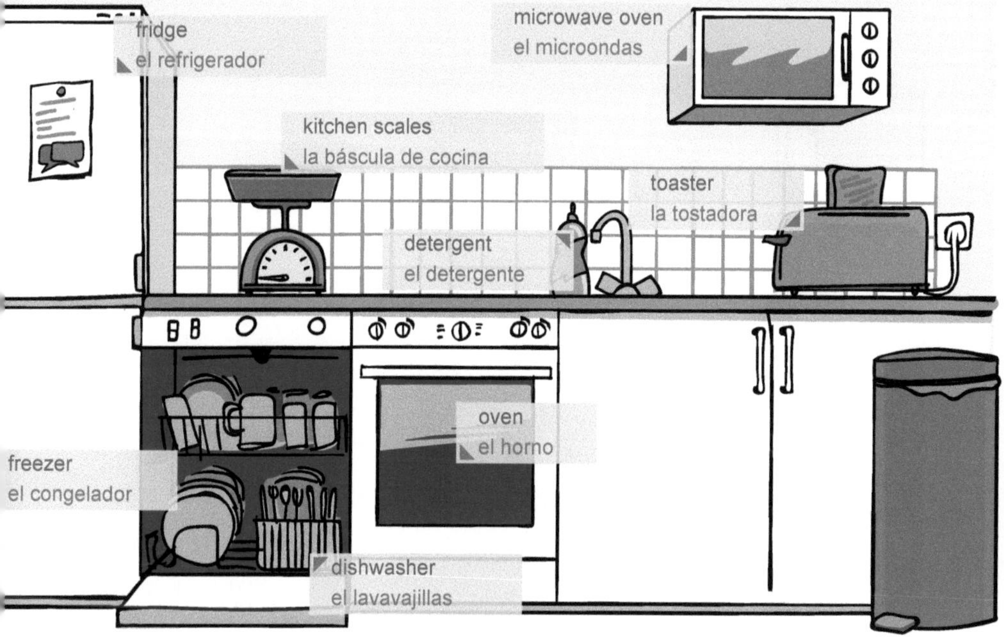

fridge
el refrigerador
microwave oven
el microondas
kitchen scales
la báscula de cocina
toaster
la tostadora
detergent
el detergente
oven
el horno
freezer
el congelador
dishwasher
el lavavajillas

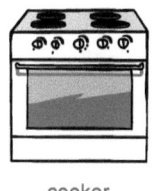

cooker

la olla a presión

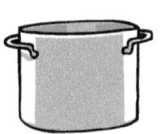

pot

la olla

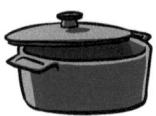

cast-iron pot

la olla de hierro fundido

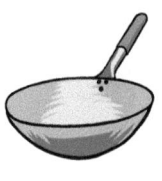

wok / kadai

el wok

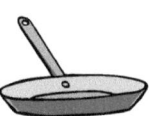

pan

la sartén

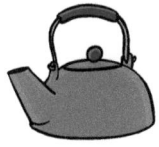

kettle

el hervidor

steamer

la vaporera

baking tray

la charola de horno

crockery

la loza

mug

la taza

bowl

el bol

chopsticks

los palillos

ladle

el cucharón

spatula

la espátula

whisk

la batidora

strainer

el colador

sieve

el colador

grater

el rallador

mortar

el mortero

barbecue

la barbacoa

open fire

la fogata

chopping board
la tabla para picar

rolling pin
el rodillo para amasar

corkscrew
el sacacorchos

can
la lata

can opener
el abrelatas

pot holder
el guante de cocina

sink
el fregadero

brush
el cepillo

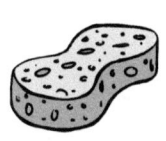

sponge
la esponja

blender
la batidora

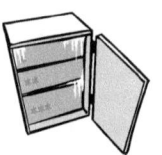

deep freezer
el congelador

baby bottle
el biberón

tap
la llave

bathroom
el baño

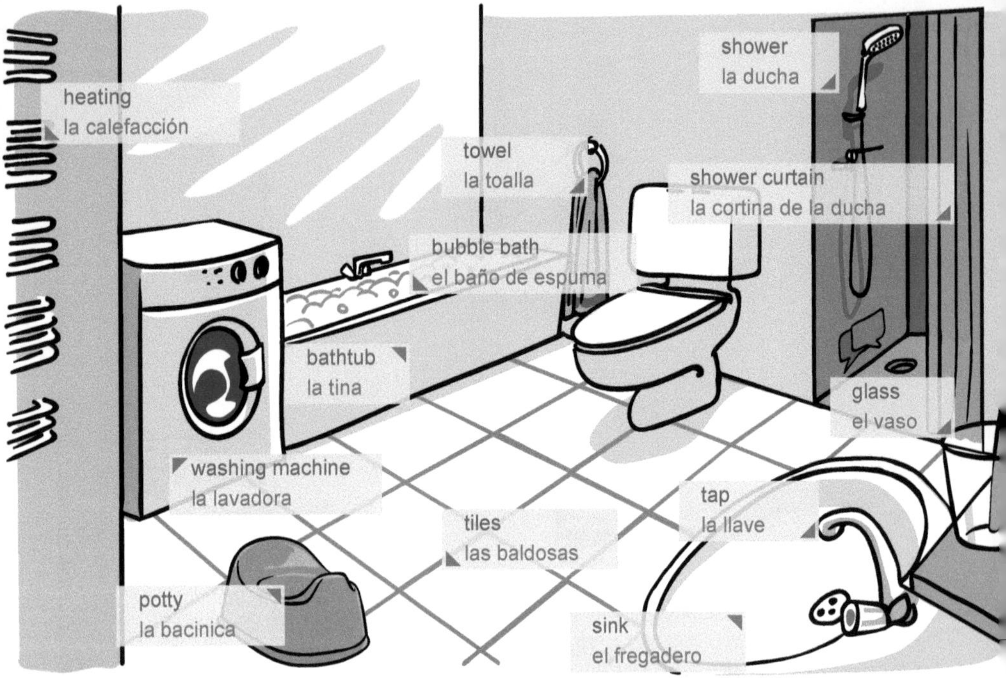
heating
la calefacción
shower
la ducha
towel
la toalla
shower curtain
la cortina de la ducha
bubble bath
el baño de espuma
bathtub
la tina
glass
el vaso
washing machine
la lavadora
tap
la llave
tiles
las baldosas
potty
la bacinica
sink
el fregadero

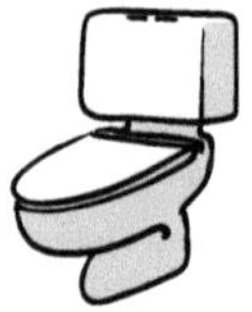

toilet

el inodoro

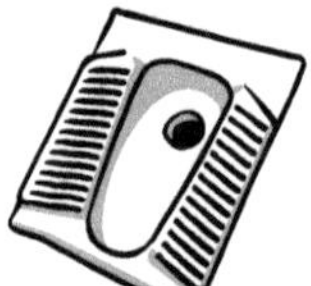

squat toilet

la letrina

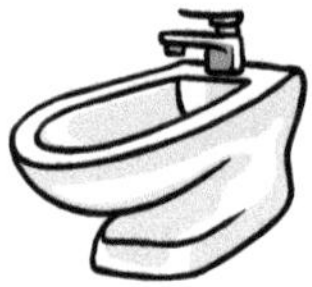

bidet

el bidé

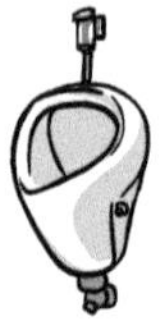

urinal

el mingitorio

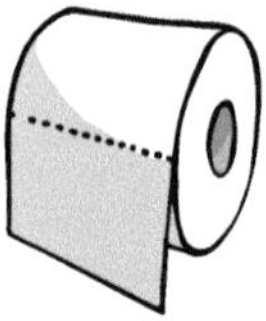

toilet paper

el papel higiénico

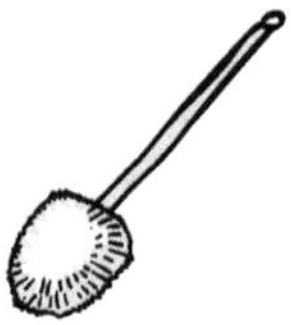

toilet brush

el cepillo para baño

toothbrush
el cepillo de dientes

toothpaste
la pasta dental

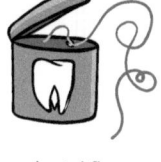

dental floss
el hilo dental

wash
lavar

handheld shower
la ducha de mano

douche
la ducha vaginal

basin
el fregadero

back brush
el cepillo de espalda

soap
el jabón

shower gel
el gel de ducha

shampoo
el champú

flannel
la toallita

drain
el drenaje

cream
la crema

deodorant
el desodorante

mirror

el espejo

hand mirror

el espejo de tocador

razor

la máquina para afeitar

shaving foam

la espuma de afeitar

aftershave

la loción para después de afeitar

comb

el peine

brush

el cepillo

hair dryer

la secadora

hairspray

la laca

makeup

el maquillaje

lipstick

el lápiz labial

nail varnish

el esmalte para uñas

cotton wool

el algodón

nail scissors

las tijeras para uñas

perfume

el perfume

washbag

estuche para cosméticos

stool

el taburete

weighing scale

la báscula

bathrobe

la bata

rubber gloves

los guantes de goma

tampon

el tampón

sanitary towel

la toalla sanitaria

chemical toilet

el baño móvil

child's room

la recámara de los niños

alarm clock
el despertador
cuddly toy
el peluche
toy car
el carro de juguete
rattle
la sonaja
doll's house
la casa de muñecas
present
el regalo

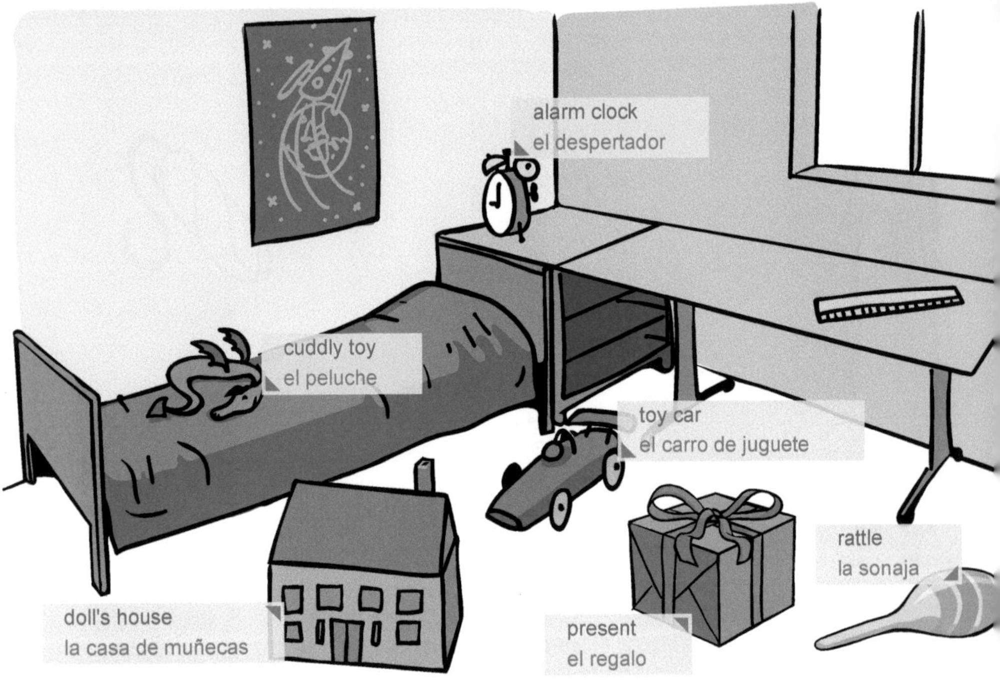

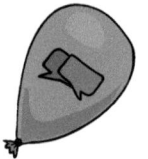

balloon

el globo

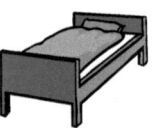

bed

la cama

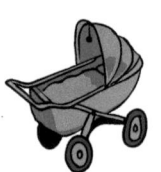

pram

la carriola

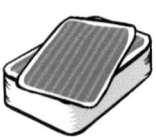

deck of cards

las cartas

jigsaw

el rompecabezas

SUPER MEGA

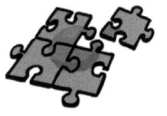

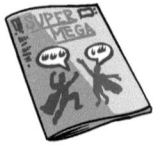

comic

el cómic

lego bricks

las piezas de lego

building blocks

los bloques para jugar

action figure

la figura de acción

babygrow

el mameluco

frisbee

el frisbee

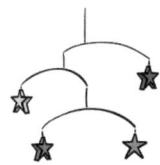

mobile

el móvil para bebés

board game

el juego de mesa

dice

los dados

model train set

el tren eléctrico

dummy

el maniquí

party

la fiesta

picture book

el álbum de fotos

ball

el balón

doll

la muñeca

play

jugar

sandpit

el arenero

swing

el columpio

toys

los juguetes

video game console

la consola de videojuegos

tricycle

el triciclo

teddy bear

el oso de peluche

wardrobe

el clóset

clothing

la ropa

socks

los calcetines

stockings

las pantimedias

tights

las mallas

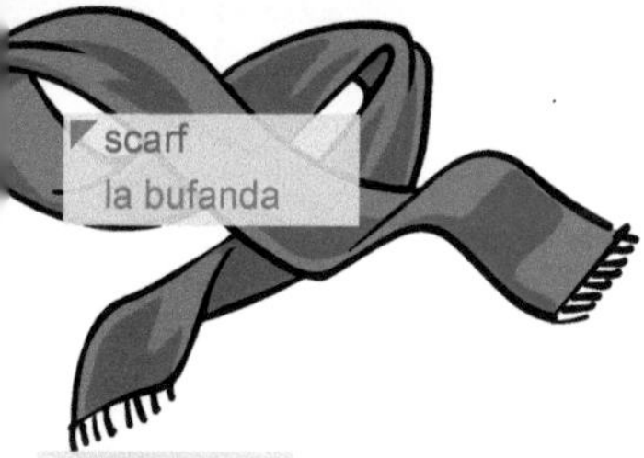

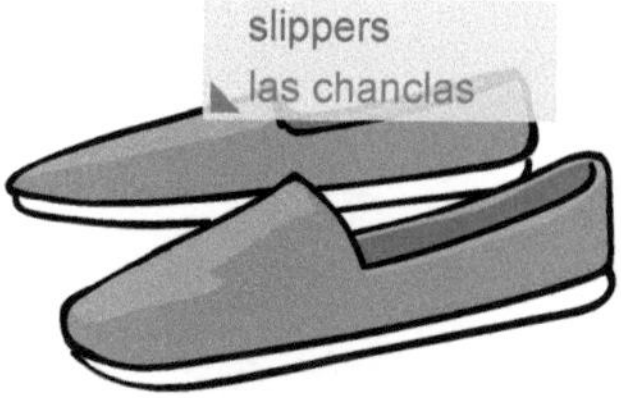

scarf
la bufanda

umbrella
el paraguas

t-shirt
la playera

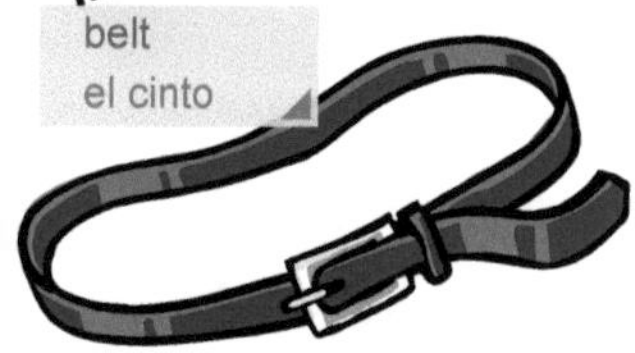

belt
el cinto

boots
las botas

slippers
las chanclas

trainers
los tenis

sandals

las sandalias

shoes

los zapatos

rubber boots

las botas de goma

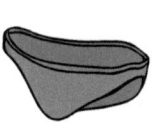

underpants

la ropa interior

bra

el brasier

vest

el chaleco

clothing - la ropa

body

el body

trousers

los pantalones

jeans

los pantalones de mezclilla

skirt

la falda

blouse

la blusa

shirt

la camisa

pullover

el suéter

hoodie

la sudadera

blazer

el saco sport

jacket

la chamarra

coat

el abrigo

raincoat

el impermeable

costume

el traje

dress

el vestido

wedding dress

el vestido de novia

suit
el traje

nightgown
el camisón

pyjamas
el pijama

sari
el sari

headscarf
el pañuelo para la cabeza

turban
el turbante

burqa
la burka

kaftan
el caftán

abaya
la abaya

swimsuit
el traje de baño

trunks
el short de baño

shorts
los shorts

tracksuit
los pants

apron
el delantal

gloves
los guantes

button

el botón

glasses

las gafas

bracelet

el brazalete

necklace

el collar

ring

el anillo

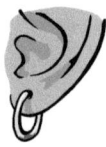

earring

el arete

cap

la gorra

coat hanger

el gancho

hat

el sombrero

tie

la corbata

zip

el cierre

helmet

el casco

braces

los tirantes

school uniform

el uniforme

uniform

el uniforme

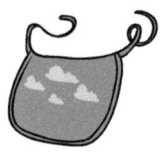

bib

el babero

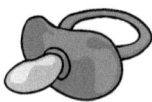

dummy

el maniquí

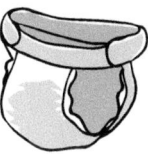

nappy

el pañal

office
la oficina

server
el servidor
filing cabinet
el archivo
printer
la impresora
paper
el papel
monitor
el monitor
mouse
el mouse
desk
el escritorio
folder
la carpeta
keyboard
el teclado
waste-paper basket
el bote de basura
computer
la computadora
chair
la silla

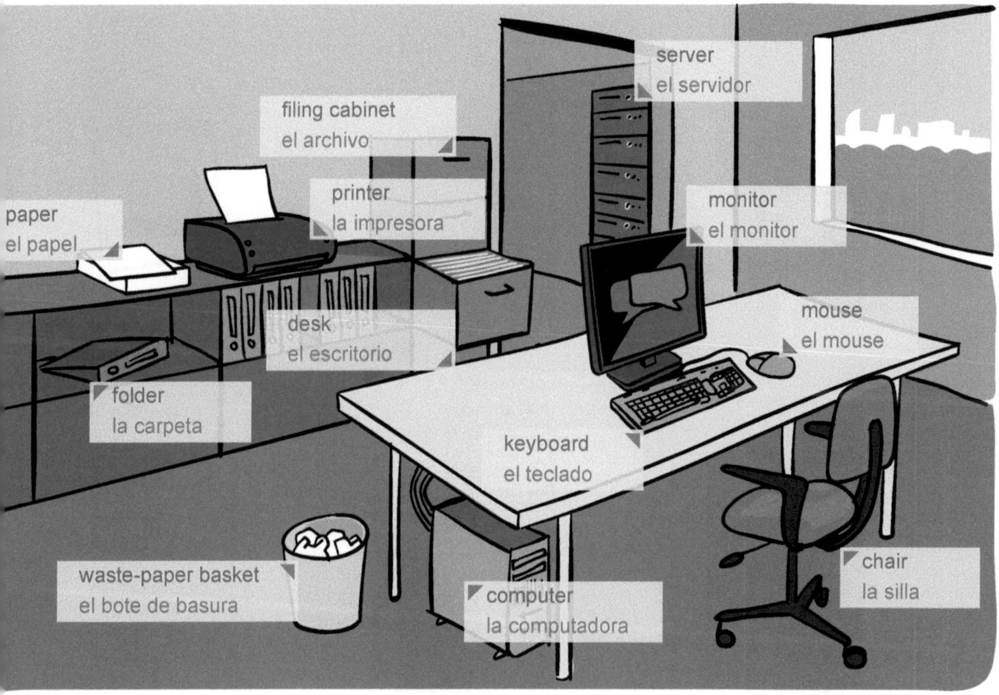

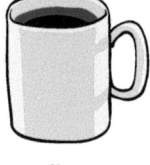

coffee mug

la taza de café

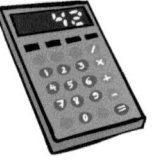

calculator

la calculadora

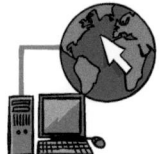

internet

el internet

laptop

la notebook

letter

la carta

message

el mensaje

mobile

el móvil

network

la red

photocopier

la fotocopiadora

software

el software

telephone

el teléfono

plug socket

el tomacorriente

fax machine

el fax

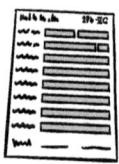

form

el formulario

document

el documento

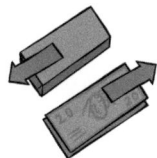

buy
....
comprar

pay
....
pagar

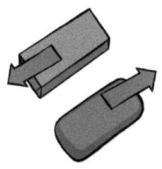

trade
....
hacer negocios

money
....
el dinero

USD

dollar
....
el dólar

EUR

euro
....
el euro

JPY

yen
....
el yen

RUB

rouble
....
el rublo

CHF

Swiss franc
....
el franco suizo

CNY

renminbi yuan
....
el yuan

INR

rupee
....
la rupia

cashpoint
....
el cajero automático

bureau de change

la casa de cambio

gold

el oro

silver

la plata

oil

el petróleo

energy

la energía

price

el precio

contract

el contrato

tax

el impuesto

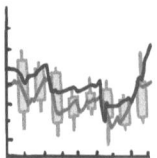

stock

la acción

work

trabajar

employee

el empleado

employer

el empleador

factory

la fábrica

shop

la tienda

occupations
las ocupaciones

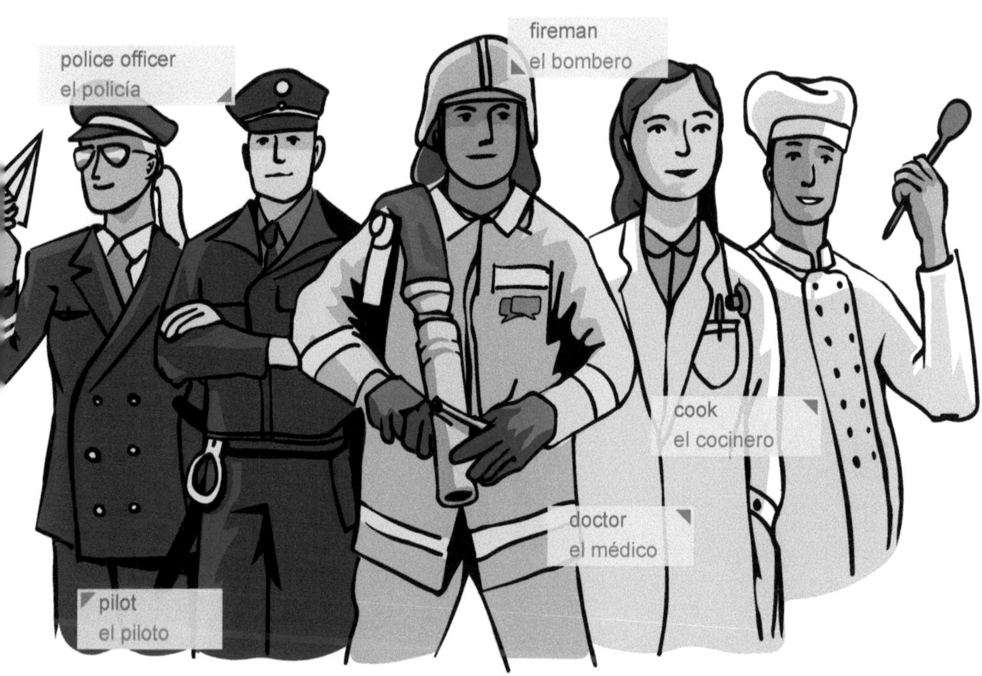
fireman
el bombero
police officer
el policía
cook
el cocinero
doctor
el médico
pilot
el piloto

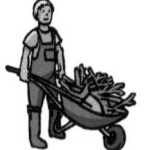

gardener

el jardinero

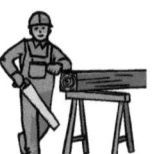

carpenter

el carpintero

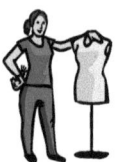

seamstress

la costurera

judge

el juez

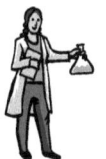

chemist

el farmacéutico

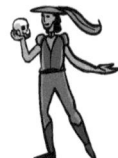

actor

el actor

bus driver

el conductor de autobús

taxi driver

el taxista

fisherman

el pescador

cleaning lady

la señora de la limpieza

roofer

el instalador de techos

waiter

el camarero

hunter

el cazador

painter

el pintor

baker

el panadero

electrician

el electricista

builder

el obrero

engineer

el ingeniero

butcher

el carnicero

plumber

el plomero

postman

el cartero

occupations - las ocupaciones

soldier

el soldado

architect

el arquitecto

cashier

el cajero

florist

el florista

hairdresser

el peluquero

conductor

el cobrador

mechanic

el mecánico

captain

el capitán

dentist

el dentista

scientist

el científico

rabbi

el rabino

imam

el imán

monk

el monje

clergyman

el sacerdote

tools
las herramientas

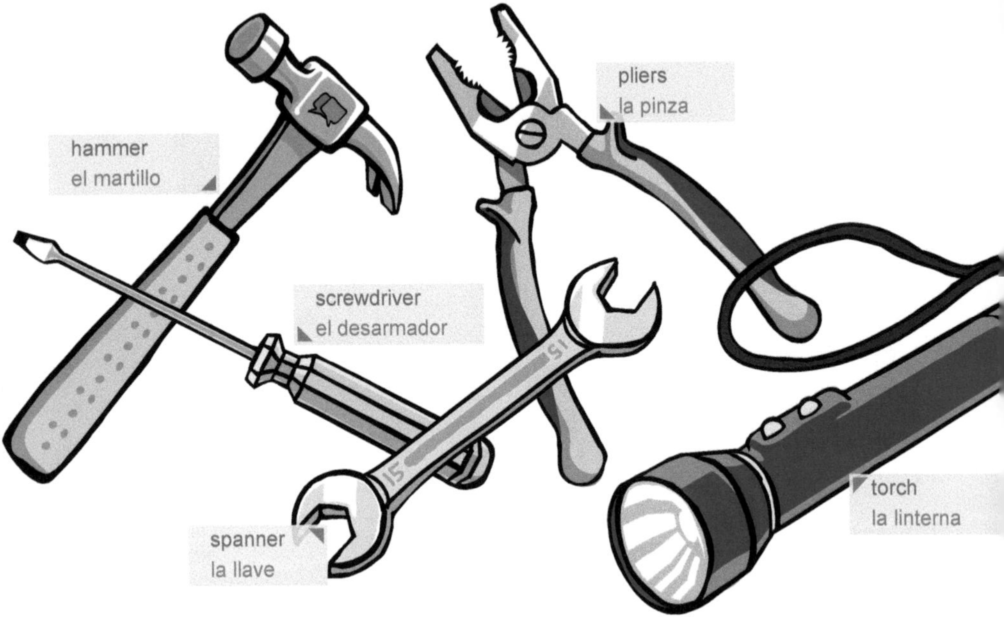
hammer
el martillo
pliers
la pinza
screwdriver
el desarmador
spanner
la llave
torch
la linterna

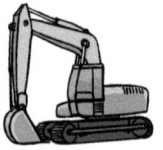

digger

la excavadora

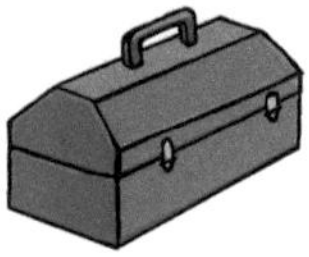

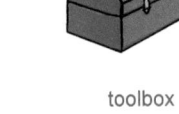

toolbox

la caja de herramientas

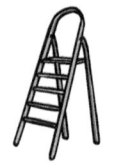

ladder

la escalera de mano

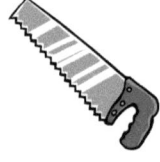

saw

la sierra

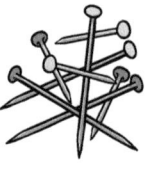

nails

los clavos

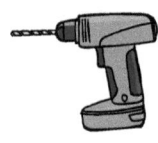

drill

el taladro

repair

reparar

shovel

la pala

Damn!

¡Maldición!

dustpan

el recogedor

paint pot

el bote de pintura

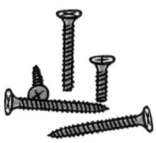

screws

los tornillos

musical instruments
los instrumentos musicales

loudspeaker
el altavoz

drum kit
la batería

double bass
el contrabajo

trumpet
la trompeta

guitar
la guitarra

piano

el piano

violin

el violín

bass

el bajo

timpani

los timbales

drums

el tambor

keyboard

el teclado

saxophone

el saxofón

flute

la flauta

microphone

el micrófono

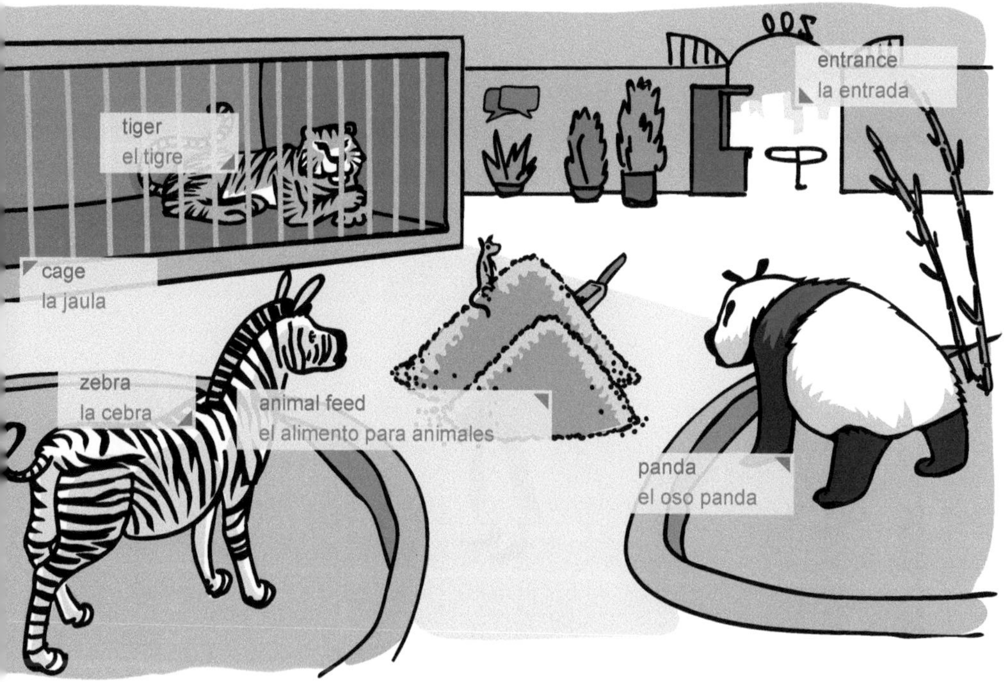

tiger
el tigre

entrance
la entrada

cage
la jaula

zebra
la cebra

animal feed
el alimento para animales

panda
el oso panda

animals

los animales

elephant

el elefante

kangaroo

el canguro

rhino

el rinoceronte

gorilla

el gorila

bear

el oso

camel

el camello

ostrich

el avestruz

lion

el león

monkey

el mono

flamingo

el flamenco

parrot

el loro

polar bear

el oso polar

penguin

el pingüino

shark

el tiburón

peacock

el pavo real

snake

la serpiente

crocodile

el cocodrilo

zookeeper

el guardián de zoológico

seal

la foca

jaguar

el jaguar

pony
el poni

leopard
el leopardo

hippo
el hipopótamo

giraffe
la jirafa

eagle
el águila

boar
el jabalí

fish
el pescado

turtle
la tortuga

walrus
la morsa

fox
el zorro

gazelle
la gacela

zoo - el zoológico

American football
el fútbol americano

cycling
el ciclismo

tennis
el tenis

basketball
el baloncesto

swimming
la natación

boxing
el boxeo

ice hockey
el hockey sobre hielo

football
el fútbol

badminton
el bádminton

athletics
el atletismo

handball
el handball

skiing
el esquí

polo
el polo

jump
saltar

laugh
reír

hug
abrazar

walk
caminar

sing
cantar

dream
soñar

pray
rezar

kiss
besar

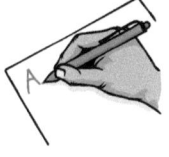

write
escribir

draw
dibujar

show
mostrar

push
empujar

give
dar

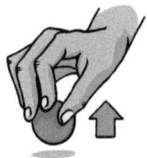

take
tomar

have
tener

do
hacer

be
ser

stand
estar parado

run
correr

pull
jalar

throw
arrojar

fall
caer

lie
estar acostado

wait
esperar

carry
llevar

sit
estar sentado

get dressed
vestirse

sleep
dormir

wake up
despertar

look at

mirar

cry

llorar

stroke

acariciar

comb

peinar

talk

hablar

understand

entender

ask

preguntar

listen

escuchar

drink

beber

eat

comer

tidy up

ordenar

love

amar

cook

cocinar

drive

conducir

fly

volar

activities - las actividades

sail

navegar

calculate

calcular

read

leer

learn

aprender

work

trabajar

marry

casarse

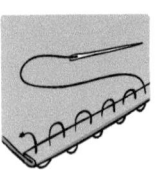

sew

coser

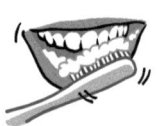

brush teeth

cepillarse los dientes

kill

matar

smoke

fumar

send

enviar

family

la familia

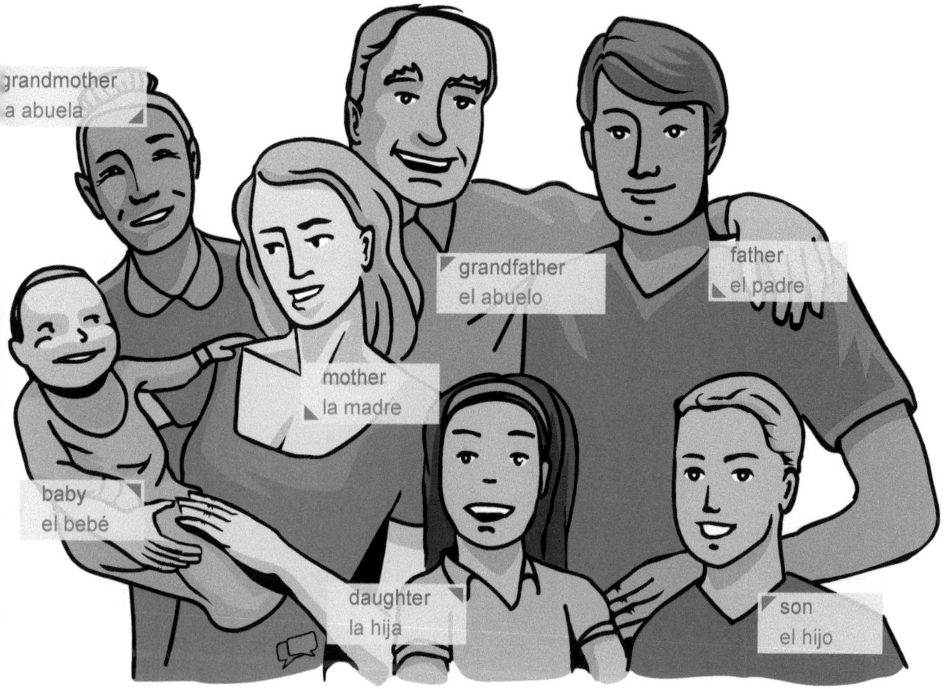
grandmother
a abuela
grandfather
el abuelo
father
el padre
mother
la madre
baby
el bebé
daughter
la hija
son
el hijo

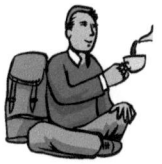

guest

el invitado

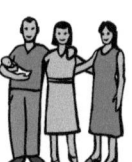

aunt

la tía

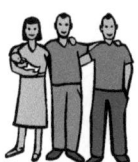

uncle

el tío

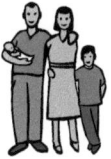

brother

el hermano

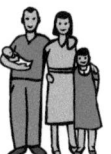

sister

la hermana

body

el cuerpo

forehead
la frente
eye
el ojo
shoulder
el hombro
finger
el dedo
face
la cara
chin
la barbilla
hand
la mano
leg
la pierna
breast
el pecho
arm
el brazo

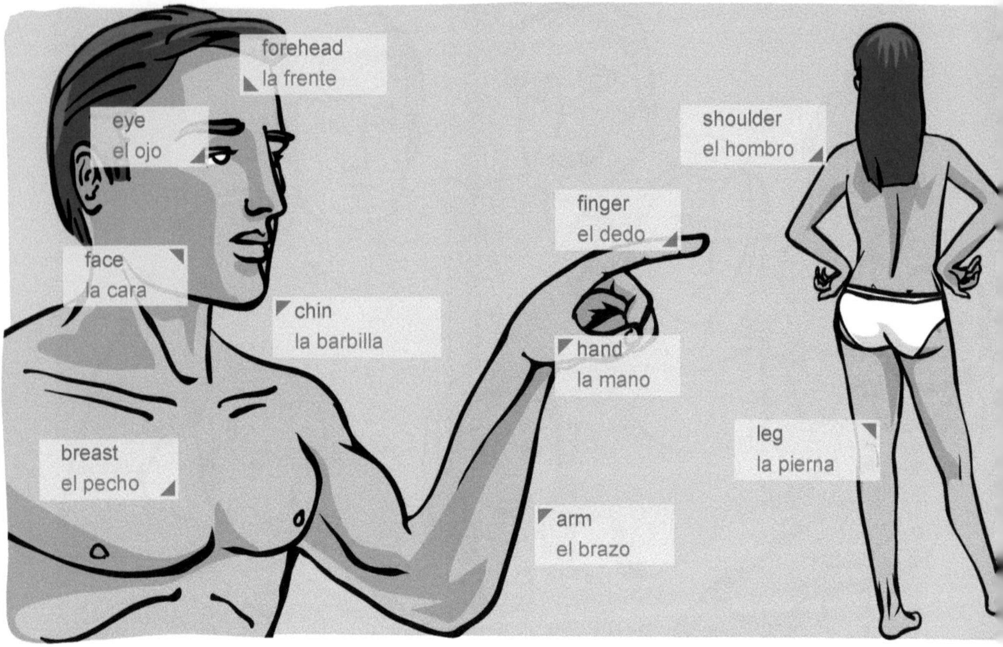

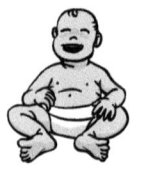

baby

el bebé

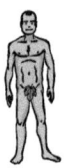

man

el hombre

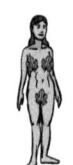

woman

la mujer

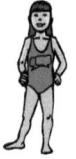

girl

la niña

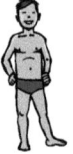

boy

el niño

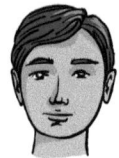

head

la cabeza

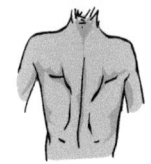

back

la espalda

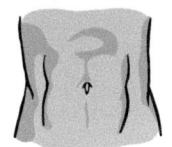

belly

la barriga

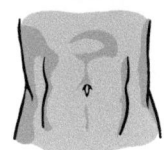

belly button

el ombligo

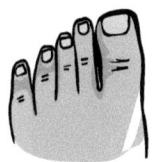

toe

el dedo del pie

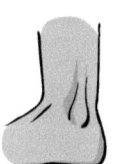

heel

el talón

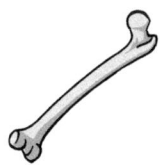

bone

el hueso

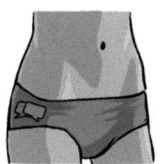

hip

la cadera

knee

la rodilla

elbow

el codo

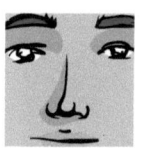

nose

la nariz

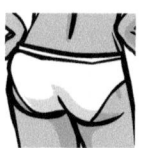

bottom

las pompis

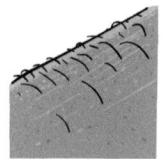

skin

la piel

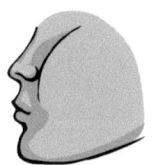

cheek

la mejilla

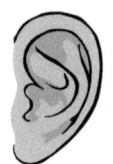

ear

el oído

lip

el labio

mouth

la boca

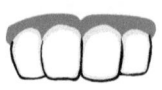

tooth

el diente

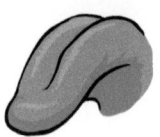

tongue

la lengua

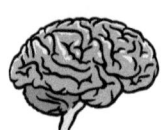

brain

el cerebro

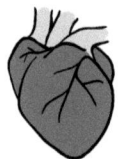

heart

el corazón

muscle

el músculo

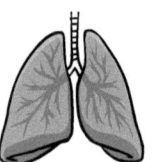

lung

el pulmón

liver

el hígado

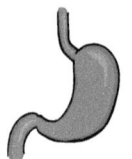

stomach

el estómago

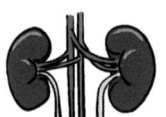

kidneys

los riñones

sex

el sexo

condom

el condón

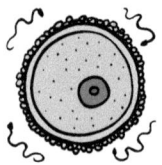

ovum

el óvulo

semen

el semen

pregnancy

el embarazo

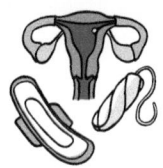

menstruation

la menstruación

vagina

la vagina

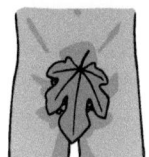

penis

el pene

eyebrow

la ceja

hair

el cabello

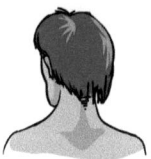

neck

el cuello

hospital
el hospital

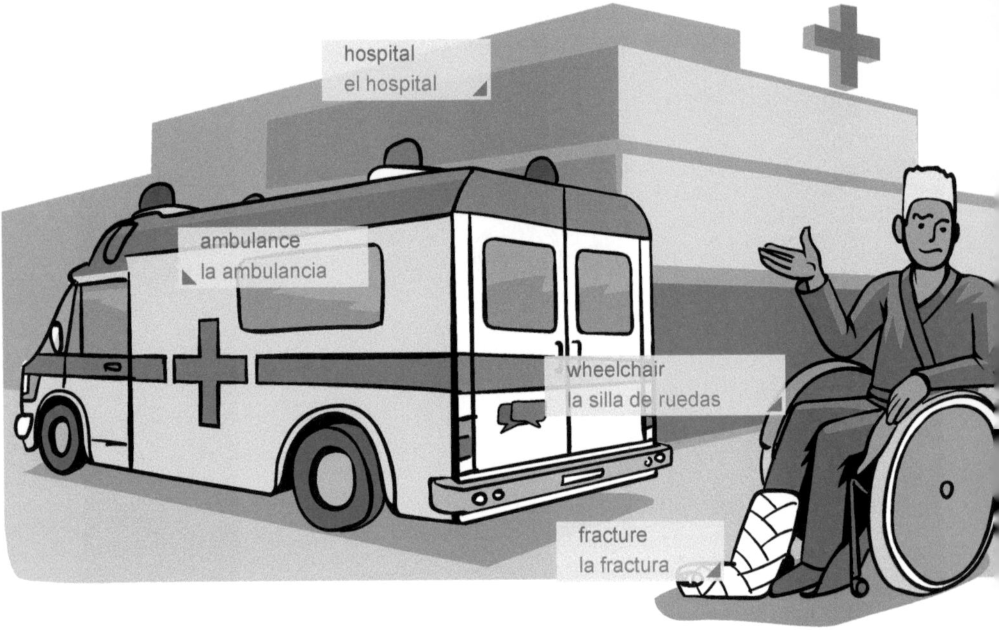

hospital
el hospital
ambulance
la ambulancia
wheelchair
la silla de ruedas
fracture
la fractura

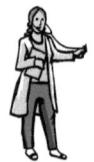

doctor
el médico

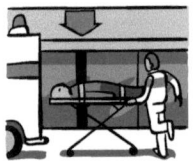

emergency room
la sala de emergencias

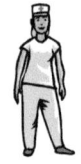

nurse
la enfermera

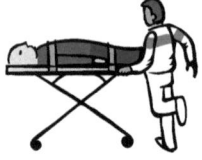

emergency
la emergencia

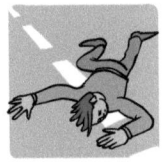

unconscious
inconsciente

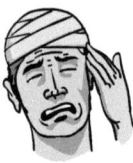

pain
el dolor

injury

la lesión

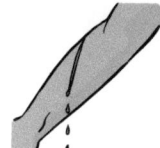

bleeding

la hemorragia

heart attack

el infarto

stroke

el accidente
cerebrovascular

allergy

la alergia

cough

la tos

fever

la fiebre

flu

la gripa

diarrhoea

la diarrea

headache

el dolor de cabeza

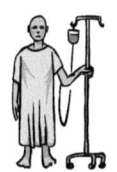

cancer

el cáncer

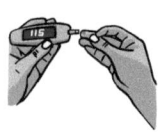

diabetes

la diabetes

surgeon

el cirujano

scalpel

el bisturí

operation

la operación

CT

TC

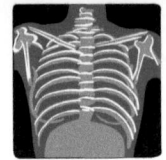

x-ray

los rayos x

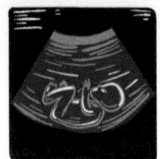

ultrasound

el ultrasonido

face mask

la mascarilla

disease

la enfermedad

waiting room

la sala de espera

crutch

la muleta

plaster

la vendita

bandage

el vendaje

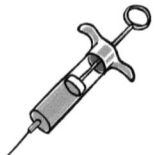

injection

la inyección

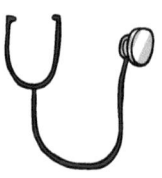

stethoscope

el estetoscopio

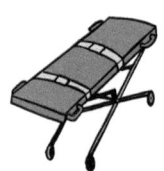

stretcher

la camilla

clinical thermometer

el termómetro

birth

el nacimiento

overweight

el sobrepeso

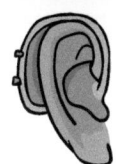

hearing aid
el audífono

disinfectant
el desinfectante

infection
la infección

virus
el virus

HIV / AIDS
VIH / SIDA

medicine
la medicina

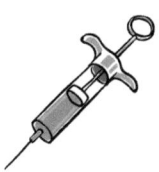

vaccination
la vacunación

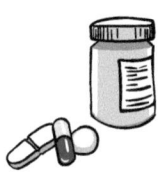

tablets
las tabletas

pill
la pastilla anticonceptiva

emergency call
llamada de emergencia

blood pressure monitor
el medidor de presión

ill / healthy
enfermo / sano

Help!

¡Socorro!

alarm

la alarma

assault

la agresión

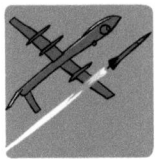

attack

el ataque

danger

el peligro

emergency exit

la salida de emergencia

Fire!

¡Fuego!

fire extinguisher

el extintor de incendios

accident

el accidente

first-aid kit

el botiquín de primeros
auxilios

SOS

SOS

police

la policía

Europe

Europa

North America

Norteamérica

South America

Sudamérica

Africa

África

Asia

Asia

Australia

Australia

Atlantic

el Atlántico

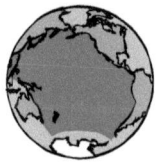

Pacific

el Pacífico

Indian Ocean

el Océano Índico

Antarctic Ocean

el Océano Antártico

Arctic Ocean

el Océano Ártico

North Pole

el polo norte

South Pole

el polo sur

Antarctica

la Antártida

Earth

la tierra

land

la tierra

sea

el mar

island

la isla

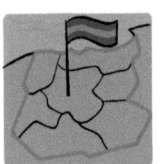

nation

la nación

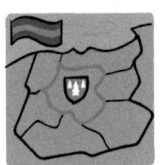

state

el estado

clock face

la esfera

hour hand

la manecilla de las horas

minute hand

el minutero

second hand

el segundero

What time is it?

¿Qué hora es?

day

el día

time

la hora

now

ahora

digital watch

el reloj digital

minute

el minuto

hour

la hora

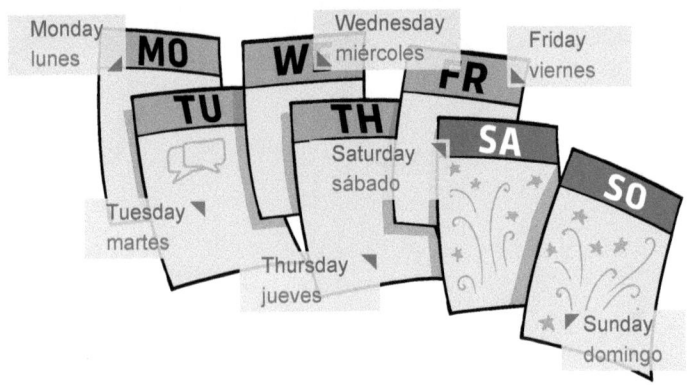

Monday / lunes
Tuesday / martes
Wednesday / miércoles
Thursday / jueves
Friday / viernes
Saturday / sábado
Sunday / domingo

yesterday

ayer

today

hoy

tomorrow

mañana

morning

la mañana

noon

el mediodía

evening

la tarde

business days

los días laborables

weekend

el fin de semana

year

el año

rain
la lluvia
spring
la primavera
summer
el verano
wind
el viento
snow
la nieve
autumn
el otoño
winter
el invierno

4.APRIL 11°
5.APRIL 4°
6.APRIL 13°
7.APRIL 8°
8.APRIL 10°

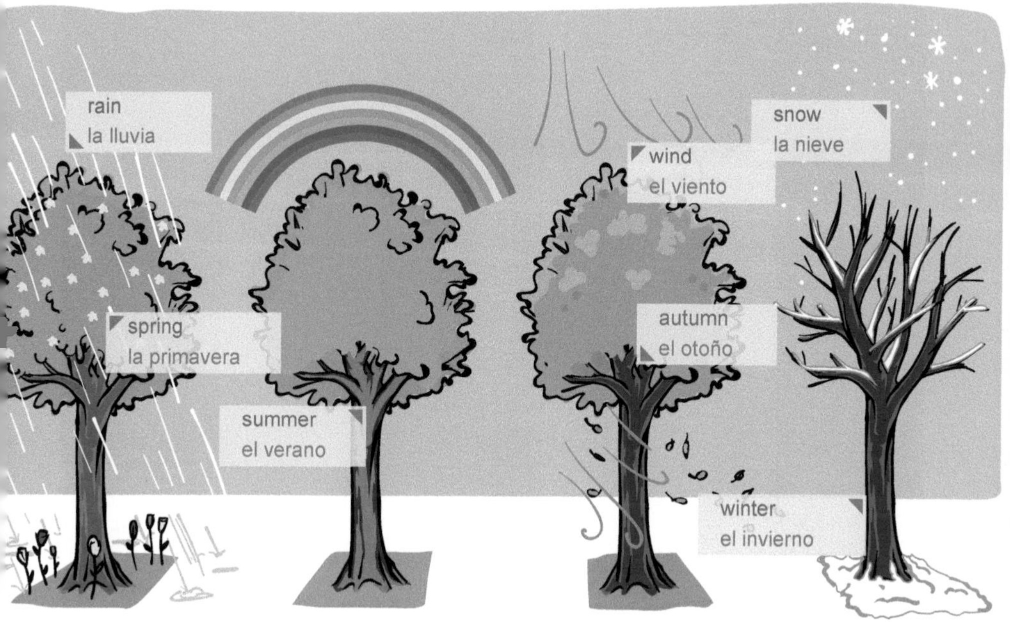

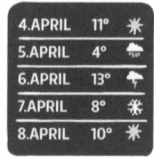

weather forecast

l pronóstico del tiempo

F C
120 40
90 30
60 20
30 10
0 0
-30 -10
-20

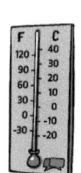

thermometer

el termómetro

sunshine

el sol

cloud

la nube

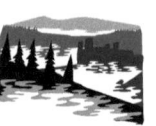

fog

la niebla

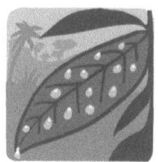

humidity

la humedad

lightning

el rayo

thunder

el trueno

storm

la tormenta

hail

el granizo

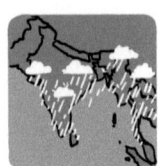

monsoon

el monzón

flood

la inundación

ice

el hielo

January

enero

February

febrero

March

marzo

April

abril

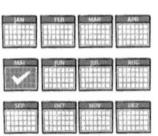

May

mayo

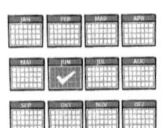

June

junio

July

julio

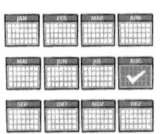

August

agosto

September
....
septiembre

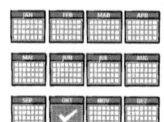

October
....
octubre

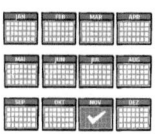

November
....
noviembre

December
....
diciembre

shapes
las formas

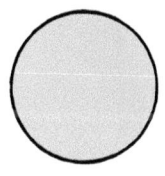

circle
....
el círculo

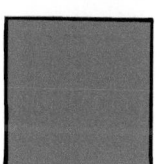

square
....
el cuadrado

rectangle
....
el rectángulo

triangle
....
el triángulo

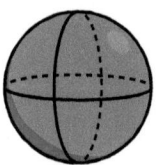

sphere
....
la esfera

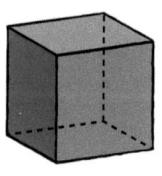

cube
....
el cubo

colours
colores

white
blanco

yellow
amarillo

orange
naranja

pink
rosa

red
rojo

purple
morado

blue
azul

green
verde

brown
marrón

grey
gris

black
negro

a lot / a little

mucho / poco

angry / calm

enojado / tranquilo

beautiful / ugly

bonito / feo

beginning / end

principio / fin

big / small

grande / pequeño

bright / dark

claro / oscuro

brother / sister

hermano / la hermana

clean / dirty

limpio / sucio

complete / incomplete

completo / incompleto

day / night

el día / la noche

dead / alive

muerto / vivo

wide / narrow

ancho / angosto

edible / inedible

comestible / no comestible

evil / kind

malo / amable

excited / bored

entusiasmado / aburrido

fat / thin

gordo / delgado

first / last

primero / último

friend / enemy

el amigo / el enemigo

full / empty

lleno / vacío

hard / soft

duro / blando

heavy / light

pesado / ligero

hunger / thirst

el hambre / la sed

ill / healthy

enfermo / sano

illegal / legal

ilegal / legal

intelligent / stupid

inteligente / tonto

left / right

izquierda / derecha

near / far

cerca / lejos

new / used

nuevo / usado

nothing / something

nada / algo

old / young

viejo / joven

on / off

encendido / apagado

open / closed

abierto / cerrado

quiet / loud

silencioso / ruidoso

rich / poor

rico / pobre

right / wrong

correcto / incorrecto

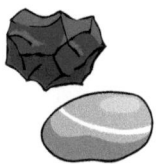

rough / smooth

áspero / suave

sad / happy

triste / contento

short / long

corto / largo

slow / fast

lento / rápido

wet / dry

húmedo / seco

warm / cool

caliente / frío

war / peace

guerra / paz

0

zero

cero

1

one

uno

2

two

dos

3

three

tres

4

four

cuatro

5

five

cinco

6

six

seis

7

seven

siete

8

eight

ocho

9

nine

nueve

10

ten

diez

11

eleven

once

12

twelve

doce

13

thirteen

trece

14

fourteen

catorce

15

fifteen

quince

16

sixteen

dieciséis

17

seventeen

diecisiete

18

eighteen

dieciocho

19

nineteen

diecinueve

20

twenty

veinte

100

hundred

cien

1.000

thousand

mil

1.000.000

million

el millón

los idiomas

English

el inglés

American English

el inglés americano

Chinese Mandarin

el chino mandarín

Hindi

el hindi

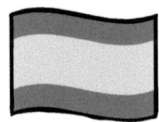

Spanish

el español

French

el francés

Arabic

el árabe

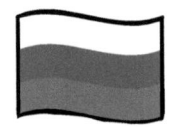

Russian

el ruso

Portuguese

el portugués

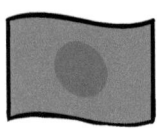

Bengali

el bengalí

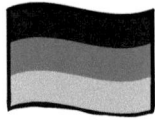

German

el alemán

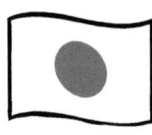

Japanese

el japonés

I

yo

you

tú

he / she / it

él / ella

we

nosotros

you

vosotros

they

ellos

who?

¿quién?

what?

¿qué?

how?

¿cómo?

where?

¿dónde?

when?

¿cuándo?

name

el nombre

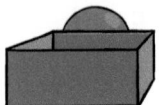

behind

detrás

in

en

in front of

delante de

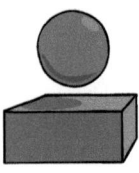

over

por encima de

on

sobre

under

debajo de

beside

junto a

between

entre

place

el lugar